Bibliografische Information der Deutschen Nationalbibliothek:

Die Deutsche Bibliothek verzeichnet diese Publikation in der Deutschen National-bibliografie; detaillierte bibliografische Daten sind im Internet über http://dnb.d-nb.de/ abrufbar.

Impressum:

Copyright © 2017 GRIN Verlag
Druck und Bindung: Books on Demand GmbH, Norderstedt Germany
ISBN: 9783668908970

Dieses Buch bei GRIN:

https://www.grin.com/document/461338

Julia Keller

Marketingplanung und Standortanalyse eines Damen-fitnessstudios in Düsseldorf

GRIN Verlag

GRIN - Your knowledge has value

Der GRIN Verlag publiziert seit 1998 wissenschaftliche Arbeiten von Studenten, Hochschullehrern und anderen Akademikern als eBook und gedrucktes Buch. Die Verlagswebsite www.grin.com ist die ideale Plattform zur Veröffentlichung von Hausarbeiten, Abschlussarbeiten, wissenschaftlichen Aufsätzen, Dissertationen und Fachbüchern.

Besuchen Sie uns im Internet:

http://www.grin.com/

http://www.facebook.com/grincom

http://www.twitter.com/grin_com

Deutsche Hochschule für

Prävention und Gesundheitsmanagement

Hermann Neuberger Sportschule 3

66123 Saarbrücken

Hausarbeit (kollektive Prüfungsleistung)

Name, Vorname	Keller, Julia
Modul	Marketing 1
Studiengang	BGM
Datum Präsenzphase	25.-27.09.2017
Studienort	Hamburg
Gruppe bzw. zu bearbeitende Stadt	Düsseldorf
Unternehmenstyp*	Damenfitnessstudio

* abhängig von Prüfungsleistung: jeweils den zu bearbeitenden „Unternehmenstyp" eintragen

Inhaltsverzeichnis

1 Marktbeschreibung/-analyse

In der ersten Aufgabe werden allgemeine Informationen über das Damenfitnessstudio erhoben und der Standort bestimmt. Um die Beurteilung der Erfolgschancen für das Unternehmen präziser gestalten zu können, wird im Anschluss eine Makroumfeld- und Wettbewerbsanalyse durchgeführt.

1.1 Allgemeine Informationen über den Unternehmenstyp

Für die Marktsegmentierung ist eine Zielgruppendefinition erforderlich, um verschiedene Teilmärkte voneinander abzugrenzen und somit die marketingpolitischen Instrumente darauf anzupassen (Weis, 2009, S. 137). Folgend wird eine mehrstufige Segmentierung nach Pepels (2012, S. 51 f.) vorgenommen.

Die Hauptzielgruppe des Damenfitnessstudios "Ladyfitness" richtet sich ausschließlich an gesundheitsbewusste, weibliche Personen zwischen 30 und 65 Jahren in Pempelfort und Umgebung durchschnittlichen und überdurchschnittlichen Einkommens, die ihren Bewegungsapperat stärken, ihren Lebensstil verbessern, Stress abbauen, präventiv Schutzfaktoren aufbauen und bewusst gegen den Abbauprozess der Muskulatur ansteuern wollen. Diese Bedürfnisse sollen unter Frauen gezielt durch ein individuell angepasstes Kraft- und Ausdauertraining in Form von Geräten, gesundheitsorientierten Kursen, Zirkeltraining und Ausdauergeräten ermöglicht werden.

Die stets von den qualifizierten Trainern gewährleistete Betreuung sind in dem Damenfitnessstudio von hoher Relevanz, um die Motivation zu steigern, positive Stimmung und Spaß am Training zu vermitteln, saubere Trainingsqualität zu gewährleisten und somit die Drop Out Quote zu reduzieren, da dies häufig Indikatoren für einen Trainingsabbruch sind (Brehm & Eberhardt, 1995, S. 181). Um die Trainingsfortschritte zu ermitteln, wird eine monatliche Erfolgskontrolle mithilfe einer Körperanalyse und einer Trainingbegleitung gewährleistet. Aufgrund der gegenwärtigen körperlichen Inaktivität steigen die Krankenhausfälle durch Adipositas mehrheitlich bei weiblichen Personen in Düsseldorf an (Amt für Statistik und Wahlen, 2017, S. 75).

Dr. Gert Mensink (1997, S. 45-55) bestätigt die risikosenkende Wirkung von Adipositas durch körperliche Bewegung und kardiovaskuläre Erkankungen, die sich dadurch entwickeln können. Ergänzend ergibt sich als Vorteil der gesunden Ernährung ebenfalls die

Prävention von kardiovaskulären Erkrankungen (Reddy, K., Katan, M., 2004, S. 167-186). Durch die gesundheitsorientierte Positionierung, welche hohen Stellenwert auf eine Betreuung und Erfolgskontrolle legt, können außerdem branchenübergreifende Kooperationen mit Unternehmen und Gesundheitszentren geknüpft werden, um das Trainingsangebot als einen gesundheitsfördernden oder präventiven Betriebssport anzubieten und somit Risikofaktoren abzubauen. Zudem ermöglicht die Kinderbetreuung das Training auch für Mütter.

Folgende Tabelle listet drei der vier marketingpolitischen Instrumente nach Dunker auf (2000, S. 26):

Tab. 1: Produkt-, Preis- und Distributionspolitik (Dunker, 2006, S. 26)

Produktpolitik, Preispolitik und Distributionspolitik	
Produktpolitik	• Milon Kraft-Ausdauer-Zirkeltraining • Geräte gestütztes Krafttraining für alle Hauptmuskelgruppen • Cardiotraining in Form von Laufbändern und Spinningrädern • individuelle Ernährungsberatung • Kinderbetreuung für Kinder im Alter von drei bis zehn Jahren • einmal monatlich Körperanalyse und persönliche Trainingsbegleitung • Kurse: Wirbelsäulengymnastik, Beckenbodentraining, Meditationskurs
Preispolitik	• Mittelpreispolitik • Monatsbeitrag pro Kunde bei einer Laufzeit von 12 Monaten: 40€ exklusive Kinderbetreuung und Kursen • Monatsbeitrag pro Kunde bei einer Laufzeit von 12 Monaten: 50€ exklusive Kursen oder Kinderbetreuung • Monatsbeitrag pro Kunde bei einer Laufzeit von 12 Monaten: 70€ inklusive aller Angebote • keine Aufnahmegebühr oder Servicepauschale • Kündigungsfrist zwei Monate vor Vertragsende • Persönliche Begleitung in den ersten drei Trainingseinheiten • erster Monat kostenfrei, falls vorhandene Mitgliedschaft in einem Damenfitnessstudio • Vertragslaufzeit von 12 Monaten, automatische Verlängerung des Vertrages um 12 Monate, wenn dieser zwei Monate vor Vertragsende nicht schriftlich gekündigt wird • Tageskarte für 15€ (inkl. Kinderbetreuung) • keine Servicepauschale • zehn Trainerinnen, drei Ernährungsberater, vier Kinderbetreuerinnen, zwei Kursleiter für die Wirbelsäulengymnastik und das Beckenbodentraining
Distributions-politik	• Kooperationen mit Gesundheitszentren und öffentlichen Einrichtungen, lokalen Biomärkten und Unternehmen

1.2 Lage und Standort des Unternehmens

Der Standort des neuen Damenfitnessstudios befindet sich in der 700 Meter langen Haupteinkaufsstraße Nordstraße 85 nördlich der Düsseldorfer Innenstadt im zentralen Stadtteil Pempelfort, Stadtbezirk eins (Geobasis-DE/BKG, 2009). Dieser ist mit einer Fläche von 2,69km² und 31.879 Einwohnern einer der am dichtesten besiedelten Stadtteile Düsseldorfs, wovon 16.504 Einwohner weiblich sind und eine Bevölkerungsdichte von 6.135 Frauen je km² aufweist (Landeshaupt Düsseldorf, 2016, S.1).

Das Studio liegt unmittelbar an den Stadtbahn-Haltestellen der Straßenbahnen 701, 705 und 707, die Anbindungen an umliegende Stadtteile ermöglichen. Die U-Bahnlinien U78 und U79 der Nordstraße und Victoriaplatz/Klevestraße sind in einigen Gehminuten zu erreichen und ein Umsteigepunkt zu den Straßenbahnen, wodurch die Passantenfrequenz zusätzlich gesteigert wird. Ergänzt werden die Anbindungen zum Studio durch die Bushaltestelle der Querstraße Venloer Straße mit der Buslinie 722 (Rheinbahn, 2017). Durch die Bundesstraße eins und sieben sind auch die Überquerung der natürlichen Grenze des Rheins und schnelle Verbindungen aus anderen umliegenden Stadtteilen mit dem PKW möglich. Es sind zusätzliche Parkplätze im naheliegenden Parkhaus Nordstraße vorhanden. In der Umgebung findet man Lebensmittelhändler, Textilgeschäfte, diverse Dienstleistungsunternehmen, Gesundheitszentren, öffentliche Einrichtungen, Restaurants und Hotels (Geobasis-DE/BKG, 2009). Der Branchenmix und somit möglichen Kooperationen stellen eine attraktive Standortwahl dar. Routinen wie Einkäufe können mit dem Studiobesuch verknüpft werden. Die zentrale Lage und damit resultierenden vielfältigen Verkehrsanbindungen, Marktvielfalt, zusätzliche Parkmöglichkeiten und hohe weibliche Einwohnerdichte unterstützen die Standortwahl.

Ergänzend zu erwähnen besitzt die Nordstraße den Ruf einer angenehmen Atmosphäre und schließt somit auch durch positive Bilder im Kopf imaginäre Grenzen aus (Industrie und Handelskammer zu Düsseldorf, 2013, S. 8-10). Durch die ausgeprägten Möglichkeiten den zentralen Standort sowohl mit öffentlichen Verkehrsmitteln, als auch mit dem PKW zu erreichen, besitzt das Unternehmen auch für die Einwohner der umliegenden Stadtteile eine hohe Attraktivität (Industrie und Handelskammer zu Düsseldorf, 2009, S. 2-5). Zudem liegt in Pempelfort verglichen zu den umliegenden, zentralen Stadtteilen ein hoher Anteil der weiblichen Beschäftigten im erwerbsfähigen Alter vor (Landeshauptstadt Düsseldorf, 2016, S.16).

1.3 Bestimmung von zwei Marktgebieten

In folgender Abbildung wurde mithilfe von openrouteservice.org (Universität Heidelberg, 2017) anhand der Zeit-Distanz-Methode das Marktgebiet eins und zwei für das Unternehmen bestimmt. Dieses ist mit der Zahl eins markiert. Die beiden Mitbewerber sind ebenfalls durch die Zahlen zwei und drei in der Abbildung erkennbar. Das grün markierte Marktgebiet eins erreicht das Studio in der Hauptverkehrszeit bis höchstens sieben Minuten, das rot markierte Marktgebiet zwei während der Hauptverkehrszeit in höchstens fünfzehn Minuten in der Hauptverkehrszeit.

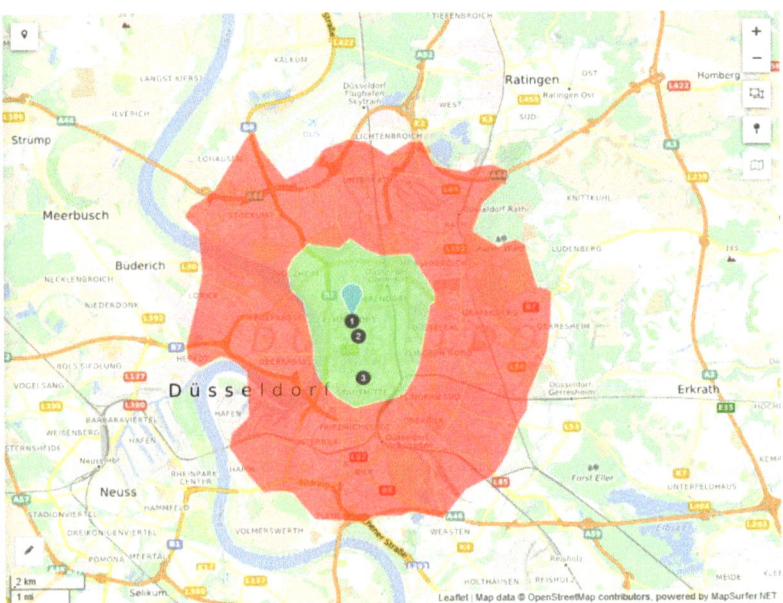

Abb. 1: Marktgebiet eins und zwei (Universität Heidelberg, 2017)

Um die Erfolgsaussichten des Unternehmens durch das Marktpotential bestimmen zu können, wird im ersten Schritt das beeinflussende Umfeld des Unternehmens analysiert. Diese beinhaltet zum einen die Ermittlung der wirtschaftlichen Faktoren wie die Arbeitslosigkeit, Kaufkraft und zum anderen demographische Informationen.

In folgender Abbildung ist die allgemeine und weibliche Altersverteilung und Einwohnerzahl der Stadt Düsseldorf dargestellt. Aufgrund des demografischen Wandels ist eine größerer Anteil der älteren Bevölkerung für das Jahr 2020 prognostiziert (Landeshauptstadt Düsseldorf, 2011, S.45).

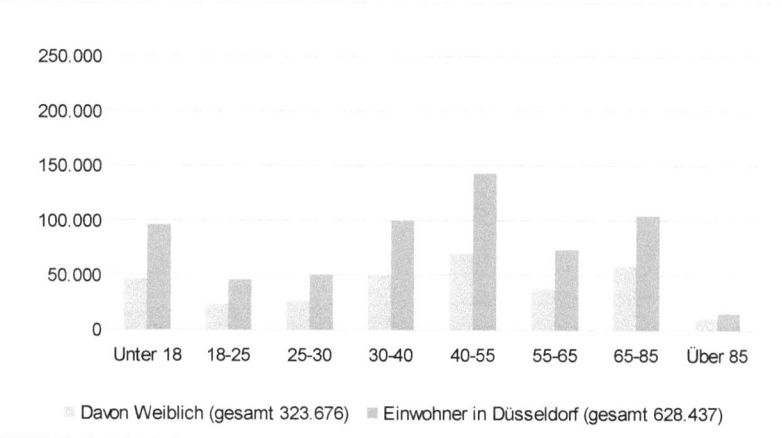

Abb. 2: Altersverteilung und Einwohnerzahl Düsseldorfs (Landeshauptstadt Düsseldorf, 2016, S. 11)

Die Arbeitslosigkeit unter allen weiblichen und männlichen zivilien Erwerbspersonen in Düsseldorf beträgt 7,2% mit einer leicht sinkenden Tendenz (Bundesagentur für Arbeit, 2017) und liegt somit 1,4% über dem Bundesdurchschnitt.

Genauer betrachtet liegt die Arbeitslosigkeit bei den Frauen 7,1% mit ebenfalls leicht sinkender Tendenz und entspricht somit 11.234 arbeitslosen Frauen in Düsseldorf (Landeshauptstadt Düsseldorf, 2016, S. 1) und ist ebenfalls über dem Bundesdurchschnitt der weiblichen Personen (Bundesagentur für Arbeit, 2016).

Die Kaufkraft beträgt bei der Gesamtbevölkerung 26.690 Euro pro Kopf, der Kaufkraftindex in Düsseldorf gleicht 118,2 (Michael Bauer Research gmbH, 2017, S.2).

Analysiert man den Standort des Unternehmens genauer, kann für den Stadtteil Pempelfort ein Kaufkraftindex von 112,5 erhoben werden, welcher sich unter dem Kaufkraftindex der Stadt Düsseldorf, jedoch 12,5% über dem Bundesdurchschnitt befindet (Strategy Marketing- und Werbeagentur GmbH, 2017, S.2).

In folgender Tabelle ist die Bevölkerung des Marktgebietes eins und zwei aufgelistet, wodurch das Marktpotential von 12% errechnet werden kann. Da die Zielgruppe des Damenfitnessstudios männliche Personen ausschließt, werden diese bei der Berrechnung des Marktpotentials nicht berücksichtigt.

Tab. 2: Bevölkerung der Marktgebiete eins und zwei (Landeshauptstadt Düsseldorf, 2016, S.1) und Errechnung des Marktpotenials (eigene Darstellung)

weibliche Bevölkerung in Marktgebiet 1 und 2					
Stadtteil	Einwohnerzahl	davon weiblich	Stadtteil	Einwohnerzahl	davon weiblich
Pempelfort	31.897	16.504 (51,74%)	Niederkassel	5.907	3.150 (53,32%)
Derendorf	20.401	10.618 (52,04%)	Oberkassel	18.840	10.012 (53,14%)
Stadtmitte	15.008	6.953 (46,32%)	Friedrichsstadt	19.984	9.875 (49,94%)
Golzheim	12.702	6.495 (51,13%)	Unterbilk	19.052	9.667 (50,74%)
			Bilk	40.038	21.439 (53,54%)
			Oberbilk	30.449	14.855 (48,78%)
			Flingern-Süd	10.348	5.062 (48,91%)
			Flingern-Nord	23.851	12.363 (51,83%)
			Düsseltal	28.141	14.903 (52,95%)
			Grafenberg	5.832	3.090 (52,98%)
			Mörsenbroich	17.407	9.006 (51,73%)
			Rath	20.231	10.166 (50,24%)
			Unterrath	21.746	11.236 (51,66%)
			Stockum	5.607	2.935 (52,34%)
Markgebiet 1:	80.008	40.570 (50,70%)	Marktgebiet 2:	267.433	137.759 (51,51%)
Gesamt:					**178.329** (weiblich)

Die Einwohner des ersten Marktgebiets werden vollständig bei der Berechnung berücksichtigt, wobei das zweite Marktgebiet mit einem Anteil von 70% gewichtet wird:

100 x 40.570 + 0,7 x 137.759 = 137.001,3.

Kumuliert ergibt diese Berechnung eine Einwohneranzahl von 137.001.

Das Gesamtmarktpotential von 12%: 137.001 x 0,12 =**16.440** Einwohner.

1.5 Wettbewerbsanalyse

Die Damenfitnessstudios Lady Fitness und Mrs. Sporty bieten ebenfalls ein Sportange-
bot für Frauen an. Jedoch unterscheiden sich beide Mitbewerber in der Positionierung.
Mitbewerber eins Lady Fitness in der Stadtmitte, Klosterstraße 30, bietet im Mittelpreis-
segment für Frauen ab 18 Jahren eine Produktbreite von Gerätetraining, Club-Lounge,
Sauna, Kurse, Zirkeltraining, Personaltraining, Figur-Zirkel, Rollenmassagen, eFigh-
ting, die Clublounge und das Powerplate an. Das Unternehmen positioniert sich als Ge-
neralist durch ein erweitertes Leistungsangebot, das verschiedenste Bedürfnisse nach
Optimierung der Ästhetik, Entspannung, Wohlbefinden, soziales Miteinander, Leistungssteigerung und Verbesserung der Lebensqualität befriedigen soll (Lady Fitness
Düsseldorf, 2017). Im Vergleich zu Ladybalance wird der Besuch nicht nur als gesund-
heitsfördernde Maßnahme genutzt. Zudem sind weder intensive Betreuung noch regelmäßige Körperanalysen gewährleistet.

Der zweite Mitbewerber Mrs Sporty befindet sich ebenfalls in Pempelfort, Sternstraße
58 und besitzt ein einheitliches Konzept mit einem schmalen Leistungsangebot.
Es wird ausschließlich ein 30-minütiges Zirkeltraining angeboten, das verschiedene Bedürfnisse nach besserem Wohlbefinden, Leistungssteigerung, Spaß, Verbesserung der
Ästhetik und Gesundheit für Frauen jedes Alters in einer geringen Zeitspanne befriedigen soll. Regelmäßige Körpermessungen, Ernährungsberatung und Erfolgskontrollen
sind ebenfalls gewährleistet. Die Freude am Training und das soziale Miteinander durch
ein Gefühl der Verbundenheit sind von hoher Relevanz, um die Kunden langfristig zu
binden (Mrs. Sporty Pempelfort-Düsseldorf, 2017).

Wie auch bei Ladybalance wird eine gute Betreuung und regelmäßige Erfolgskontrolle
priorisiert. Jedoch lässt Mrs Sporty die Kunden selbst entscheiden, welche individuellen
Bedürfnisse sie durch das Zirkeltraining befriedigen wollen, auch wenn es sich einzig
der Faktor Spaß und nicht Gesundheit oder Prävention ist. Die Produktbreite ist zudem
geringer. Die Stärken und Schwächen sind in folgender Tabelle aufgelistet.

Tabelle 3: Zwei zentrale Stärken und Schwächen der stärksten Mitbewerber (eigene Darstellung)

Zwei zentrale Stärken und Schwächen der stärksten Mitbewerber		
	Lady Fitness	Mrs Sporty
Stärken	• Kooperationen • vielfältige Angebote	• ständige Betreuung • geringer Zeitaufwand
Schwächen	• keine eigenen Parkplätze • Betreuung nur auf Anfrage	• wenig Abwechslung • Keine Umkleiden oder Duschen

2 Marketingplanung

Nachdem in der ersten Aufgabe der Unternehmenstyp definiert und der Markt analysiert wurde, wird in der zweiten Aufgabe das Marketingbudget errechnet und abschließend eine Werbekampagne geplant und bewertet.

2.1 Budgetplanung

Das Marketingbudget wird durch eine Geldeinheit angegeben und zeigt an, wie viele finanzielle Mittel für einen bestimmten Zeitraum zur Verfügung stehen (Nieschlag, Dichtl & Hörschgen, 2002, S.336). In der nun aufgeführten Tabelle wird das Marketingbudget anhand der Marketing pro Neukunden-Methode für das Damenstudio und die gesamte Unternehmensgruppe errechnet.

Tab. 4: Jahresmarketingbudget für das Unternehmen und die gesamte Unternehmensgruppe (eigene Darstellung)

Unternehmenstyp	Geplante Mitglieder	Marketingkosten pro Neukunde	Marketingbudget
Damenfitnessstudio	400	50.00€	20.000,00€
Gesundheitsstudio	700	40.00€	28.000,00€
Premiumstudio	1200	60.00€	72.000,00€
EMS Studio	90	100.00€	9.000,00€
Discounterstudio	2000	25.00€	50.000,00€
Kumuliert	4390	275.00€	179.000,00€

Für das Damenfitnessstudio wird ein Jahresmarketingbudget für das erste Geschäftsjahr von 400 Mitglieder x 50,00€ = **20.000€** geplant. Kumuliert wird für die gesamte Unternehmensgruppe in Düsseldorf ein Jahresmarketingbudget für das erste Geschäftsjahr von 179.000,00€ geplant.

2.2 Kommunikationspolitik und Kostenkalkulation

Um Neukunden zwei Monate vor der Eröffnung des Unternehmens zu gewinnen, wird anhand der Kommunikationspolitik als viertes Instrument des 4-P Modells nach McCarthy (Pepels, 2012, S. 406) ein Informationsaustausch zwischen Anbieter und potentiellen Kunden ermöglicht (Dunker, 2006, S. 141):

Neben der Außenwerbung wird als weiteres Instrument das Direct Marketing gewählt, welches aufgrund der individuellen Ansprache der Zielgruppe (Pepels, 2012, S. 806) eine geringe Streubreite aufweißt. Dies hat zum einen eine höhere Aufmerksamkeit zufolge, erhöht die Chance auf die Reaktion seitens des Adressaten und spart zum anderen zusätzlich an Marketingkosten ein (Weis, 2010, S.217 f.).

Das dritte Instrument ist das Social Media Marketing über Facebook, welches einer der beliebtesten sozialen Netzwerke in Deutschland ist (Weinberg, T., Ladwig, W. & Pahrmann C., 2012, S.216) und mehrheitlich von weiblichen Personen genutzt wird (Hooters, 2017). Dieses Instrument kann ebenfalls wie das Direct Marketing sehr individuell auf die Zielgruppe und Reichweite abgestimmt werden.

Die operative Zielsetzung der Kampagne sollte unter den Anforderung der Inhalts-, Ausmaß- und Zeitdefinition nach Birkers (1997, S.2) erfolgen, um somit den Erfolg der Kampagne messen und gegebenfalls Maßnahmen zur Optimierung ergreifen zu können.

Das primäre Ziel der achtwöchigen Kampagne ist die Bekanntmachung der Leistung und die Gewinnung von ersten Kunden. Inhalt der Kampagne ist die Schaltung verschiedener Außenwerbung und Social Media Marketing mit Hinweis auf die Neueröffnung und Website, Flyerverteilung mit Information über das Unternehmen und einem attraktiven Einstiegsangebot, welches bis zum Ende der Eröffnungswoche genutzt werden kann.

Der Kampagnenerfolg wird mithilfe des Marketing-Controlling gemessen. Zum einen wird die Effektivität durch einen Soll-Ist Vergleich mithilfe der zuvor definierten Zielsetzung durchgeführt. Gästeblätter im Unternehmen können beispielsweise Aufschluss darüber geben, durch welches Werbemittel die Kunden auf das Unternehmen aufmerksam werden. Durch ein Tracking-Verfahren können die Klicks der Website nachverfolgt werden. Zudem können Informationen über die Interessenten und Kunden erhoben und mit den zuvor definierten Segmentierungsmerkmalen der Zielgruppe verglichen werden, um das Marketing zukünftig optimaler auf die Zielgruppe abstimmen zu können. Auch der Vergleich von Kosten und Nutzen der Kampagne ist bei der Bewertung von hoher Relevanz, um die Effizienz analysieren zu können.

Wie man folgender Tabelle entnehmen kann, überschreitet die Kampagne die gesamte Kostenplanung von 4.000,00€ um 904,32€. Um die Ausgaben zu reduzieren, kann man die Streuverluste durch kürzere Schaltung von Außenwerbung minimieren oder kleinere Plakate für die Außenwerbung nutzen.

Tab. 5: Zeitliche Organisation und Kostenkalkulation der Kampagne (Facebook, 2017; Landeshauptstadt Düsseldorf, 2013; Ströer Deutsche Städte Medien gmbH, 2017; Sibylle Dammann Grafikdesign, 2017; Webdesign Lohmann UG, 2017)

Zeitliche Organisation und Kostenkalkulation der Kampagne		Kosten kumuliert	Bis wann?
Datum	Maßnahmen und Kosten der Werbekampagne 13.11.2017 - 07.01.2018		
13.11.2017	Maßnahme : Schaltung der Außenwerbung in Nordstraße 44, Ganzsäule Kosten: Schaltung der Werbung, 12,00€ pro Tag = 252,00€ Plakatdesign, DINA1 =476,00€ Personal, das die Bestellungen durchführt =100,00€	828,00€	03.12.2018
13.11.2017	Maßnahme: Schaltung Online-Werbung auf Facebook Zielgruppe von 30 bis 65-jährigen Frauen in einem Umkreis von 4 km zum Studio Kosten: Schaltung der Werbung auf Facebook, = 1.000,00€ Design der Unternehmenswebsite, Basic = 999,00€ Personal, das die Bestellungen durchführt =100,00€	2.009,00€	07.01.2018
20.11.2017	Maßnahmen: Bestellung von Flyern Kosten: Druck Flyer A5,1-seitig, 2000 Stück = 258,42€ Agentur Design von Flyern A5,1-seitig =166,60€ Personal, das die Bestellungen durchführt = 100,00€	525,02€	20.11.2017
27.11.2017	Maßnahmen: vierstündige Flyerverteilung in der Nordstraße Kosten: Genehmigung,18,25€ täglich pro Person = 36,50€ Personalkosten, zwei Angestellte = 160,00€	196,50€	27.11.2017
04.12.2017	Maßnahmen: Schaltung der Außenwerbung in Bluecherstraße 4-6, Ganzsäule Kosten: Schaltung der Werbung, 23,80€ pro Tag = 666,40€ Personal, das die Bestellung durchführt = 20,00€ Plakatdesign wurde bereits erstellt = 0,00€	686,40 €	07.01.2018
18.12.2017	Maßnahmen: vierstündige Flyerverteilung Duisburgerstraße Kosten: Genehmigung 18,25€ täglich pro Person = 36,50€ Personalkosten, zwei Angestellte = 160,00€	196,50 €	18.12.2018
25.12.2017	Maßnahmen: Schaltung der Außenwerbung in Düsseldorf U-Bahnhof Nordstraße, Gleis 2, Großfläche Kosten: Schaltung der Außenwerbung 17,60€ pro Tag = 246,40€ Personal, das die Bestellungen durchführt = 20,00€ Plakatdesign wurde bereits erstellt = 0,00€	266,40 €	07.12.2018
02.01.2018	Maßnahmen: Flyerverteilung Blücherstraße Kosten: Genehmigung 18,25€ täglich pro Person = 36,50€ Personalkosten, zwei Angestellte =160,00€	196,50 €	02.01.2018
Gesamtkosten: 828,00€ + 2.009,00€ + 525,02€ + 196,50€ + 686,40€ + 196,50€ + 266,40€ + 196,50€ = **4.904,32€**.			

2.3 Werbeplanung

Es stehen 4.000€ des Jahresmarketingbudgets zur Verfügung, dieses wird zu 20% für die Werbemittel Flyer, Plakate und Online Anzeigen verwendet.

Die Flyer werden dem Werbeträger Anzeigeblätter, Plakate der Außenwerbung und die Online Anzeigen dem Internet zugeordnet sind. Da Mangelgefühle mithilfe der Werbebotschaft oftmals erst erkannt werden müssen und es sich um eine Dienstleistung handeln, müssen die Werbemittel zielgruppen- und standortgerecht gewählt werden (Kotler et al., 2007, S. 895).

Durch das betriebsnahe Schalten von Außenwerbung, welche an gut besuchten Fußgängerzonen und befahreren Straßen in der Nähe des Unternehmens oder am Gleis der U-Bahn liegen, kann durch Mehrfachkontakt Aufmerksamkeit und Vertrauen geschaffen werden. Dadurch, dass die Frauen das Netzwerk Facebook mehrheitlich nutzen (Hooters, 2017), der Träger mehrmals täglich und ortsunabhängig aufgerufen werden kann, die Anzahl der aktiven mobilen Facebook-Nutzer stetig steigt (Facebook, 2017) und die Online Werbung auf die Zielgruppe und den Ort präzise abgestimmt werden kann, eignet sich dieses Instrument ebenfalls. Die Flyer werden direkt an die Zielgruppe verteilt und können somit als kostengünstige Maßnahme ebenfalls zusätzlich mit persönlicher Ansprache und einem zeitlich begrenzten Gutschein höhere Aufmerksamkeit, Druckaufbau für das knapp begrenzte Gut und Akzeptanz bei der Zielgruppe erregen. Dabei muss eine Image des Studios entwickelt werden, welches auch in Zukunft durch in- und externe Strukturen übermittelt wird. Auch das Personal muss bei der Flyerverteilung präsent und freundlich bleiben, da vor allem der erste Eindruck des Unternehmens mit der Eröffnungskampagne verknüpft wird.

2.4 Synergieeffekte im Rahmen der Kommunikationspolitik

Durch Synergieeffekte im Rahmen der Kommunikationspolitik können positive Maßnahmen erzielt werden: Zum einen können Rabatte oder Aktionen zwischen den einzelnen Unternehmenstypen angeboten und die anderen Studios empfohlen werden, wenn der Kunde beispielsweise eine zusätzliche Mitgliedschaft abschließt oder zu der Zielgruppe des anderen Unternehmens passt.

Zum anderen können aufgrund der verschiedenen Zielgruppen große Events angeboten werden, die durch das gemeinsame, höhere Marketingbudget an Kosten spart. Auch gemeinsame Bestellungen durch Allianzbildung bei der selben Grafikagentur können die Ausgaben der Studios senken.

3 Abschlussstatement

Düsseldorf stellt zwar einen wirtschaftlich attraktiven Standort für die Fitnessbranche dar, jedoch weist die Stadt aufgrunddessen eine hohe Mitbewerberdichte auf. Vor allem die Studios des Premiumsegments und Discounter sind in Düsseldorf oft vertreten und können somit die Existenz der neu eröffneten Studios an den gewählten Standorten gefährden. Das EMS-Studio hat aufgrund der steigenden Mitgliederzahl und zunehmenden Popularität (fitogram, 2017) trotz der Konkurrenz zwar eine hohe Attraktivität, jedoch muss ein Standort mit einer niedrigeren Mitbewerbsdichte gewählt werden. Am attraktivsten sind die Zukunftschancen für das Gesundheitsstudio und das Damenfitnessstudio, welches ebenfalls gesundheitsorientiert positioniert ist. Diese besitzen ein Zusatzpotential, da aufgrund der Präventionsmaßnahmen und Gesundheitsförderung unproblematischere Kooperationen mit Unternehmen und öffentlichen Einrichtungen gebildet werden können. Dies ist vor allem durch den demographischen Wandel und den zunehmenden chronischen Erkrankungen von hoher Relevanz (Amt für Statistik und Wahlen, 2017, S. 75) und somit eine attraktives Angebot für Arbeitgeber. Die Mitbewerberdichte der gewählten Standorte ist ebenfalls niedriger als bei den anderen Unternehmenstypen. Zudem bietet das Damenfitnessstudio Kinderbetreuung und zusätzliche Parkplätze an und verschafft sich somit einen Vorteil zu den anderen Mitbewerbern der Damenfitnessstudios. Die Unternehmensgruppe kann sich jedoch zusammen aufgrund der Synergieeffekte trotz einer hohen Mitbewerberdichte einen Wettbewerbsvorteil verschaffen, da diese Art von Kooperationen zwischen den vorhandenen Studios in Düsseldorf nicht besteht. Aufgrund der überdurchschnittlichen Kaufkraft und hohem Marktpotential besteht hiermit bei einem gut gewählten Standort und einem zielgruppenaffinen Marketing der einzelnen Unternehmenstypen somit eine Chance, sich trotz der vielen Mitbewerber durchzusetzen.

4 Literaturverzeichnis

Amt für Statistik und Wahlen (2017). *Basisgesundheitsdaten Monitoring 2017. Indikatorengestützter Überblick zur gesundheitlichen Lage der Bevölkerung.*
Zugriff am 09.10.2017. Verfügbar unter https://www.duesseldorf.de/fileadmin/Amt12/statistik/stadtforschung/download/Basisgesundheitsdaten-Monitoring_2017.pdf-

Birker, K. (1997). *Führungsstile und Entscheidungsmethoden (1. Aufl.).* Berlin: Cornelsen Girardet.

Bundesagentur für Arbeit. (2016). *Arbeitslosenquote der Frauen in Deutschland von 1995 bis 2016.* Zugriff am 15.10.2017. Verfügbar unter https://de.statista.com/statistik/daten/studie/17387/umfrage/arbeitslosenquote-der-frauen-in-deutschland/

Bundesagentur für Arbeit (September 2017). *Arbeitsmarkt im Überblick - Berichtsmonat September 2017 - Düsseldorf, Agentur für Arbeit.* Zugriff am 15.10.2017. Verfügbar unter https://statistik.arbeitsagentur.de/Navigation/Statistik/Statistik-nach-Regionen/BA-Gebietsstruktur/Nordrhein-Westfalen/Duesseldorf-Nav.html

Dunker, M. (2010). *Marketing (3. Aufl.).* Rinteln: Merkur-Verl.

Facebook. (2017). *Monatliche aktive mobile Nutzer von Facebook.* Zugriff am 20.10.2017. Verfügbar unter https://de.statista.com/statistik/daten/studie/223264/umfrage/monatlich-aktive-mobile-nutzer-von-facebook-zeitreihe

Facebook. (2017). *Create an ad.* Zugriff am 30.10.2017. Verfügbar unter https://www.facebook.com/business?ref=sem_smb&campaign_id=164948933838373&placement=exact&creative=118270196829&keyword=Facebook-Marketing&extra_1=79ef05c2-fe7a-47bd-b61a-c84c8888e57e&gclid=EAIaIQobChMIvaHHjaiZ1wIVF-AbCh07xQZaEAAYASAAEgJ3ePD_BwE

Fitogram. (2017). *Anzahl der Mitglieder von EMS-Fitnessstudios in Deutschland im Vergleich der Jahre 2016 und 2017.* Zugriff am 30.10.2017. Verfügbar unter https://de.statista.com/statistik/daten/studie/701666/umfrage/ems-fitnessketten-in-deutschland-anzahl/

GeoBasis-DE/BKG. (2017). *Pempelfort.* Google. Zugriff am 01.10.2017. Verfügbar unter https://www.google.de/maps/place/Pempelfort,+D

%C3%BCsseldorf/@51.2367887,6.7639674,14z/data=!3m1!4b1!4m5!3m4!
1s0x47b8c98a8dc65349:0x52760fc4a2dc120!8m2!3d51.2381709!4d6.7812629

Hooters. (2017). *Anzahl der Facebook-Nutzer nach Altersgruppen und Geschlecht in Deutschland im Januar 2017.* Zugriff am 20.10.2017. Verfügbar unter https://de.statista.com/statistik/daten/studie/512316/umfrage/anzahl-der-facebook-nutzer-in-deutschland-nach-alter-und-geschlecht/

Industrie und Handelskammer zu Düsseldorf. (2009). *Mit Charme und Vielfalt die Pempelforter Nordstraße.* Zugriff am 13.10.2017. Verfügbar unter https://www.duesseldorf.ihk.de/blob/dihk24/Standort/downloads/2592570/e189d48a1164fa4227a23114e2e40928/M3_Expose_Nordstrasse-data.pdf

Industrie und Handelskammer zu Düsseldorf. (2013). *Die Düsseldorfer Stadtteilzentren. Starke Handelsstandorte im Portrait.* Zugriff am 13.10.2017. Verfügbar unter https://www.duesseldorf.ihk.de/blob/dihk24/Standort/downloads/2592372/4b78971654b316066373c54ddc27c088/M3_Duesseldorfer_Stadtteilzentren-data.pdf

Kotler, P., Keller, K. L. & Bliemel, F. (2011). *Marketing-Management. Strategien für wertschaffendes Handeln (12. Aufl.)* München: Pearson Studium.

Lady Fitness AG. (2017). Zugriff am 17.10.2017. Verfügbar unter http://ladyfitness-duesseldorf.de

Landeshauptstadt Düsseldorf (2011). *Demografiebericht Düsseldorf 2011.* Zugriff am 29.10.2017. Verfügbar unter: https://www.duesseldorf.de/fileadmin/Amt12/statistik/stadtforschung/download/demografieberichtduesseldorf2011.pdf

Landeshauptstadt Düsseldorf. (2016). *Arbeitsmarkt.* Zugriff am 15.10.2017. Verfügbar unter https://www.duesseldorf.de/fileadmin/Amt12/statistik/stadtforschung/download/10_arbeitsmarkt/SD_2016_Kap_10.pdf

Landeshauptstadt Düsseldorf. (2016). *Bevölkerung.* Zugriff am 15.10.2017. Verfügbar unter https://www.duesseldorf.de/fileadmin/Amt12/statistik/stadtforschung/download/05_bevoelkerung/SD_2016_Kap_5.pdf

Landeshauptstadt Düsseldorf. (2016). *Stadtbezirk Bilk.* Zugriff am 09.10.2017. Verfügbar unter https://www.duesseldorf.de/fileadmin/Amt12/statistik/stadtforschung/download/stadtteile/Bilk_036.pdf

Landeshauptstadt Düsseldorf. (2016). *Stadtbezirk Derendorf.* Verfügbar unter https://www.duesseldorf.de/fileadmin/Amt12/statistik/stadtforschung/download/stadt teile/Derendorf_015.pdf

Landeshauptstadt Düsseldorf. (2016). *Stadtbezirk Düsseltal.* Zugriff am 12.10.2017. Verfügbar unter https://www.duesseldorf.de/fileadmin/Amt12/statistik/stadtfor-schung/download/stadtteile/Duesseltal_023.pdf

Landeshauptstadt Düsseldorf. (2016). *Stadtbezirk Flingern Nord.* Zugriff am 12.10.2017. Verfügbar unter unter https://www.duesseldorf.de/fileadmin/Amt12/sta-tistik/stadtforschung/download/stadtteile/Flingern_Nord_022.pdf

Landeshauptstadt Düsseldorf . (2016). *Stadtbezirk Flingern Süd.* Zugriff am 12.10.2017. Verfügbar unter https://www.duesseldorf.de/fileadmin/Amt12/statistik/stadtfor-schung/download/stadtteile/Flingern_Sued_021.pdf

Landeshauptstadt Düsseldorf. (2016). *Stadtbezirk Friedrichsstadt.* Zugriff am 11.10.2017. Verfügbar unter https://www.duesseldorf.de/fileadmin/Amt12/statistik/stadtforschung/download/stadt teile/Friedrichstadt_031.pdf

Landeshauptstadt Düsseldorf. (2016). *Stadtbezirk Golzheim.* Zugriff am 11.10.2017. Verfügbar unter https://www.duesseldorf.de/fileadmin/Amt12/statistik/stadtfor-schung/download/stadtteile/Golzheim_016.pdf

Landeshauptstadt Düsseldorf. (2016). *Stadtbezirk Grafenberg.* Zugriff am 11.10.2017. Verfügbar unter https://www.duesseldorf.de/fileadmin/Amt12/statistik/stadtfor-schung/download/stadtteile/Grafenberg_072.pdf

Landeshauptstadt Düsseldorf. (2016). *Stadtbezirk Moersenbroich.* Zugriff am 11.10.2017.Verfügbar unter https://www.duesseldorf.de/fileadmin/Amt12/sta-tistik/stadtforschung/download/stadtteile/Moersenbroich_064.pdf

Landeshauptstadt Düsseldorf. (2016). *Stadtbezirk Niederkassel.* Verfügbar unter https://www.duesseldorf.de/fileadmin/Amt12/statistik/stadtforschung/download/stadt teile/Niederkassel_044.pdf

Landeshauptstadt Düsseldorf. (2016). *Stadtbezirk Oberbilk.* Zugriff am 11.10.2017. verfügbar unter https://www.duesseldorf.de/fileadmin/Amt12/statistik/stadtfor-schung/download/stadtteile/Oberbilk_037.pdf

Landeshauptstadt Düsseldorf. (2016). *Stadtbezirk Oberkassel.* Zugriff am 11.10.2017. Verfügbar unter https://www.duesseldorf.de/fileadmin/Amt12/statistik/stadtforschung/download/stadtteile/Oberkassel_041.pdf

Landeshauptstadt Düsseldorf. (2016). *Stadtbezirk Pempelfort.* Zugriff am 07.10.2017. Verfügbar unter https://www.duesseldorf.de/fileadmin/Amt12/statistik/stadtforschung/download/stadtteile/Pempelfort_014.pdf

Landeshauptstadt Düsseldorf. (2016). *Stadtbezirk Rath.* Zugriff am 11.10.2017. Verfügbar unter https://www.duesseldorf.de/fileadmin/Amt12/statistik/stadtforschung/download/stadtteile/Rath_063.pdf

Landeshauptstadt Düsseldorf. (2016). *Stadtbezirk Stadtmitte.* Zugriff am 12.10.2017. Verfügbar unter https://www.duesseldorf.de/fileadmin/Amt12/statistik/stadtforschung/download/stadtteile/Stadtmitte_013.pdf

Landeshauptstadt Düsseldorf. (2016). *Stadtbezirk Stockum.* Zugriff am 10.10.2017. Verfügbar unter https://www.duesseldorf.de/fileadmin/Amt12/statistik/stadtforschung/download/stadtteile/Stockum_051.pdf

Landeshauptstadt Düsseldorf. (2016). *Stadtbezirk Unterbilk.* Verfügbar unter https://www.duesseldorf.de/fileadmin/Amt12/statistik/stadtforschung/download/stadtteile/Unterbilk_032.pdf

Landeshauptstadt Düsseldorf. (2016). *Stadtbezirk Unterrath.* Zugriff am 10.10.2017. Verfügbar unter https://www.duesseldorf.de/fileadmin/Amt12/statistik/stadtforschung/download/stadtteile/Unterrath_062.pdf

Landeshauptstadt Düsseldorf & Statistik der Bundesagentur für Arbeit. (2016). *Düsseldorf Kompakt.* Zugriff am 15.10.2017. Verfügbar unter https://www.duesseldorf.de/fileadmin/Amt12/statistik/stadtforschung/download/stadtbezirke/Duesseldorf_kompakt.pdf

Landeshauptstadt Düsseldorf. (2013). *Gebührentarif zur Satzung über Erlaubnisse und Gebühren für Sondernutzungen an öffentlichen Straßen.* 51. Zugriff am 20.10.2017. Verfügbar unter https://www.duesseldorf.de/stadtrecht/6/66/66-101-1.html

Mensink, G. (1997). *Movement and circulation. Population studies on physical activity and cardiovascular disease risk,* Wageningen.

Michael Bauer Research gmbH. (2017). *Kaufkraft 2017 in Deutschland. Kreis und kreisfreie Städte - wichtigste Variablen.* Zugriff am 15.10.2017. Verfügbar unter http://www.mb-research.de/_download/MBR-Kaufkraft-Kreise.pdf

Mrs. Sporty. (2017). Zugriff am 15.10.2017. Verfügbar unter https://www.mrssporty.de/club/duesseldorf-pempelfort/

Nieschlag, R., Dichtl, E. & Hörschgen, H. (2011). *Marketing* (19. Aufl.). s.l.: Duncker Humblot GmbH. Verfügbar unter http://gbv.eblib.com/patron/FullRecord.aspx?p=1812094

Pepels, W. (2012). *Handbuch des Marketing.* München: Oldenbourg Wissenschaftsverlag. Verfügbar unter http://dx.doi.org/10.1524/9783486714548

Reddy, M. & Katan, M. (2004). Diet, Nutrition and the prevention of hypertension and cardiovascular diseases. *Public Health Nutrition, 7* 167-186.

Rheinbahn. (2017). *Liniennetzplan 701.* Zugriff am 14.10.2017. Verfügbar unter http://www.rheinbahn.de/fahrplan/Liniennetzplne/701.pdf

Rheinbahn. (2017). *Liniennetzplan 705.* Zugriff am 15.10.2017. Verfügbar unter http://www.rheinbahn.de/fahrplan/Liniennetzplne/705.pdf

Rheinbahn. (2017). *Liniennetzplan 707.* Verfügbar unter http://www.rheinbahn.de/fahrplan/Liniennetzplne/707.pdf

Rheinbahn. (2017). *Liniennetzplan U78.* Zugriff am 14.10.2017. Verfügbar unter http://www.rheinbahn.de/fahrplan/Liniennetzplne/U78.pdf

Rheinbahn. (2017). *Liniennetzplan U79.* Zugriff am 14.10.2017. Verfügbar unter http://www.rheinbahn.de/fahrplan/Liniennetzplne/U79.pdf

Sibylle Dammann Grafik Design. Zugriff am 23.10.2017. Verfügbar unter http://www.dammann-grafikdesign.de/preise.html

Ströer deutsche Städte Medien gmbH. (2017). *Planen und gestalten. SDAW: 1350000282872-01; SDAW: 220365954580-01; SDAW: 220365954694-01.* Zugriff am 20.10.2017. Verfügbar unter: https://www.stroeer-direkt.de/nc/duesseldorf-05111000/40001/planen-gestalten/standortkarte.html

Universität Heidelberg. (2017), *Openrouteservice.* Zugriff am 12.10.2017. Verfügbar unter http://www.openrouteservice.org

Webdesign Lohmann UG (2017). *Preise und Kostengestaltung.* Zugriff am 20.10.2017. Verfügbar unter https://www.webdesign-lohmann.de/preis-und-kostengestaltung.html

Weinberg, T., Ladwig, W. & Pahrmann, C. (2012). *Social Media Marketing. Strategien für Twitter, Facebook & Co (3. Aufl.).* Beijing: O'Reilly.

Weis, H. C. (2009). *Marketing 15. Aufl).* Ludwigshafen (Rhein): Kiehl.

Weis, H. C. (2012). *Marketing (16. Aufl.).* Herne: Kiehl.

Brehm, W. & Eberhardt, J. (1995). Drop-out und Bindung im Fitness-Studio. In: *Sportwissenschaft,* 25.

5 Abbildungs- und Tabellenverzeichnis

1 Abbildungsverzeichnis

2 Tabellenverzeichnis

BEI GRIN MACHT SICH IHR
WISSEN BEZAHLT